Dieses Buch widme ich
allen Menschen, die Gott
suchen.

An dieser Stelle möchte ich mich
sehr herzlich bei allen Beteiligten und
Helfern bedanken, die dazu beigetragen bzw. es
ermöglicht haben, dass ich nun zum dritten Male
einen Gedichtband veröffentlichen kann.
Hier möchte ich vor allem meinen wunderbaren
Lehrer und Förderer Mark Fox nennen sowie
meinen geliebten Ehemann Peter. Ohne euch
würde es keines dieser Bücher geben.
Besonders dankbar bin ich auch meiner Freundin,
der Malerin Gabriele Koenigs, für das
ausdrucksstarke Aquarell, welches sie mir als
Titelbild zur Verfügung stellte.

Darüber hinaus gilt mein innigster Dank Gott,
dessen unendliche, bedingungslose Liebe sich mit
keinem Gedicht der Welt auch nur annähernd
ausdrücken lässt.

Monika Hansen

Die Liebe ruft

Mystische Gedichte

© tao.de in J. Kamphausen Mediengruppe GmbH, Bielefeld

1. Auflage 2016

Autorin: Monika Hansen
Umschlaggestaltung, Illustration: tao.de
Umschlagfoto: Aquarell von Gabriele Koenigs
www.gabrielekoenigs.de

Printed in Germany

Verlag: tao.de in J. Kamphausen Mediengruppe GmbH, Bielefeld,
www.tao.de, eMail: info@tao.de

Bibliografische Information der Deutschen Nationalbibliothek:
Die Deutsche Nationalbibliothek verzeichnet diese Publikation
in der Deutschen Nationalbibliografie; detaillierte bibliografische Daten sind im Internet über http://dnb.d-nb.de abrufbar.

ISBN: 978-3-96051-182-3

Das Werk, einschließlich seiner Teile, ist urheberrechtlich geschützt.
Jede Verwertung ist ohne Zustimmung des Verlages unzulässig.
Dies gilt insbesondere für die elektronische oder sonstige Vervielfältigung, Übersetzung, Verbreitung und sonstige Veröffentlichungen.

Inhalt

1 Was es ist   7

2 Dem Fluss der Liebe ein Bett graben   29

3 Stille ist die Sprache Gottes   48

4 Meine Seele kommt nach Hause   58

5 Ich sehne mich nach Deinen Händen   82

6 Gott, Du erfüllst mich so   95

7 Fluss des Lebens, trage mich   122

8 Die Zeit ist reif für neue Schritte   140

9 Wenn ich sterbe, Gott   159

10 Gott, Du bist es   173

1

Was es ist

Was es ist

Diese Liebe ist es,
die mein Herz erwärmt
und meiner Seele
tiefen Frieden bringt.
Es ist ihr Licht,
von dem die Sonne schwärmt;
es ist ihr Klang,
der aus dem Vogel singt.

Diese Freude ist es,
die mich heute ganz versöhnt
und auch das Leben
wieder spüren lässt.
Es ist die Kraft,
die jetzt durch meinen Körper strömt,
göttliche Gnade,
die mich nie verlässt.

>>>

<<<

Dieses Feuer ist es,
das schon lange in mir glüht
und nun durch frischen Wind
sich neu entfacht.
Es ist der Atem Gottes,
in dem die Erde blüht
und Kreise zieht
bei Tag und Nacht.

Gott spüren

Du bist
die Stille in mir.

Du bist
der Frieden und die Liebe
in meinem Herzen.

Du bist
die Freude in meiner Seele
und das Streicheln
der Sonne
auf meinem Gesicht.

Alles das bist Du

Du bist die eine Quelle,
aus der das Leben steigt.
Du bist die höchste Stelle,
der sich mein Wille beugt.

Du bist die stärkste Liebe,
die alle Sehnsucht stillt.
Du bist der tiefste Friede,
der Herz und Seele füllt.

Du bist die hellste Sonne,
der jedes Dunkel weicht.
Du bist die höchste Wonne,
die je ein Mensch erreicht.

Du bist in allen Dingen,
die prachtvoll uns umgeben.
Doch was wir auch erringen,
Du bist das wahre Leben.

Gott ist Gnade

Gott ist Freude, Gott ist Frieden,
Gott ist höchste Zuversicht.
Ihn zu spüren, heißt Ihn lieben,
zuzugehen auf Sein Licht.

Gott ist Gnade, Gott ist Segen;
Er geht unter deine Haut.
Lass dich ganz von Ihm bewegen;
glücklich ist, wer auf Ihn baut.

Gott ist Überfluss und Fülle,
Gott ist dein Vertrauen wert.
Stets erfährst du in der Stille
Seine Kraft, die dich ernährt.

In meiner Mitte

In dem, was ist,
meine Mitte
finden.

Denn das, was ist,
ist.

In dem, was ist,
meine Mitte finden.

Dankbar,
dass dort etwas ist

in meiner Mitte.

Ewiges Gesetz

Lerne sehen, lerne schauen,
wunderbarer Augenblick.
Jederzeit kannst du vertrauen:
Was zu dir kommt ist dein Glück.

Was zu dir kommt lass geschehen,
Leben offenbart sich jetzt.
Was entsteht wird auch vergehen,
das ist ewiges Gesetz.

Alle Formen müssen weichen
und was bleibt ist reiner Geist,
leuchtet uns durch jedes Zeichen,
das in Seine Richtung weist.

Worte finden und verlieren

Welche Worte fassen den Beginn
und welche Worte steigen
aus dem tiefsten Sinn?
Welche Worte tragen mich
in Deine Stille
und welche Worte fließen ein
in jede Fülle?

Meine Worte, Gott, sind meine Boten,
um Deine Tiefen suchend auszuloten.
In meinen Worten formt sich
zögernd Dein Gesicht
und darin tastend ahne ich
Dein Himmelslicht.

Doch ist es Zeit, die Worte
schließlich zu verlieren
und dem Wortlosen
schweigend hinzuspüren.

>>>

<<<

Denn Deine Liebe lebt,
wenn alle Worte sterben.
Jenseits der Worte werden wir
den Himmel erben.

Wunschlos

Alle Wünsche
werden still,
wenn ich in Deinem
Herzen bin.

Ich vergesse,
was ich will,
gebe mich
dem Zauber hin.

Ich vergesse,
was ich war,
trinke reine
Seligkeit.

Alle Wünsche
werden wahr
hier in Deiner
Zauberzeit.

Süßes Lied

Ewigkeit
in Deinen Armen,
Gnade,
die mich tief durchdringt.

Seelenheimat
im Erbarmen,
süßes Lied,
das in mir schwingt.

Und Du kommst

Gott, Du bist mein ganzes Leben,
Du bist alles, was ich will.
Dir möcht ich mich treu ergeben,
Deine Liebe macht mich still.

In Deiner Nähe werd ich weit,
alle Ängste sind vergangen.
Du bist da, ich bin bereit,
höchste Freude zu erlangen.

Und Du kommst und strömst durch mich;
keine Kraft kann größer sein.
Alle Enden finden sich,
nichts und niemand bleibt allein.

Gefunden

Gott, es ist Zeit,
tief in die Ruhe einzutauchen,
im reinen Sein,
die Wahrheit zu erkennen
und dankbar
alle Mittel zu gebrauchen,
die mich verbinden,
statt von Dir zu trennen.

Ich bin soweit,
dem Nicht-Tun mich zu schenken
und Deiner Stille
ganz zu überlassen.
Die Liebe lockt,
so will ich mich in sie versenken
und ganz
in Deine Arme fallen lassen.

>>>

<<<

Das Leben ruft,
doch ist es jetzt
von anderer Art.
O Gott, so lange
habe ich gesucht
und finde es
in Deiner
Gegenwart.

Ruhezone

In diesem Geschehen
so unbegreiflich
einen Ruhepunkt
finden

Dich Gott

Vereint

In meinem Herzen geht die Sonne auf,
denn Deine Liebe strahlt durch mich.
Und meine Seele steigt zu Dir hinauf,
sie findet Dich in Deinem Licht.

All meine Wünsche werden wahr,
gestern und morgen sind nur Traum.
Mein In-Dir-Sein ist wunderbar,
es wächst und wächst im weiten Raum.

Dein In-Mir-Sein ist grenzenlos;
wo fängst Du an, wo ende ich?
Gott, Du bist da und Du bist groß.
Wir sind vereint, ich liebe Dich.

Reines Glück

Lass ruhen
die Vergangenheit,
denn sie ist schon längst
vorbei.
Denk auch nicht
an zukünftige Zeit;
was einst geschieht
ist einerlei.

Das Einzige,
was heute zählt,
das ist der Eine
Augenblick,
der mit dem Leben
dich vermählt
und sich dir schenkt
als reines Glück.

Wachsen

Tiefer
in mich
hineinwachsen,
Gott,
um Dich
zu berühren.

Höher
hinaus mich
erheben,
um Dir
zu begegnen.

Nach allen Seiten
mich ausdehnen,
um meinen Platz
in Dir
auszufüllen.

Göttliche Erinnerung

Nenne mich
bei meinem wahren Namen,
spüre mich
ich bin in dir.
Du bist das Bild
und nicht der Rahmen;
was du auch suchst
ist immer hier.

Was du jetzt brauchst,
lass es dir schenken,
indem auch du
dich ganz hingibst.
Lass dich vom Wesentlichen
nicht ablenken;
befreie dich,
indem du liebst.

>>>

<<<

Erkenne dich
in meinem Licht,
es scheint für dich
an jedem Ort.
Und siehst du es
auch manchmal nicht,
so wisse:
Es ist immer dort.

Vergiss es nie:
Ich bin stets hier,
Ich bin in dir
als ewiges Sein.
Vergiss es nie,
denn eins sind wir
und niemals
bist du je
allein.

Geteiltes Glück

Sanftes Fließen heiliger Worte,
stiller Strom, der sich erhält,
reist mit mir an reine Orte,
trägt mich in die Himmelswelt.

Zartes Strömen meiner Seele
formt das Fühlen zum Gebet.
Ach, das mir doch niemals fehle,
was allein mein Herz versteht.

Ewig möchte ich verweilen,
doch die Zeit ruft mich zurück.
Was ich fand, will ich nun teilen:
meine Verse und mein Glück.

2

Dem Fluss der Liebe ein Bett graben

Im Fluss der Liebe

Dem Fluss der Liebe
ein Bett graben
in meinem Inneren.

Geröll entfernen,
Schutt und Schlamm.

Und dann
fließen

in das unendliche
Meer.

Heilende Liebe

Gott, hilf mir,
Deine Liebe in mir zuzulassen
und mich dem Heilungsstrom
nicht länger zu verschließen.
Die Kraft des Himmels
lässt sich mit dem Herzen
nur erfassen
und meine Seele
darf die Gnade jetzt genießen.

Die Kraft der Liebe
fließt auch in die Dunkelheiten,
in ihrem Segen
heilen Schmerz und Leid.
Ihr warmes Licht
umhüllt mein Herz von allen Seiten
und strahlt durch mich –
unendlich weit.

>>>

<<<

So will ich Deine Liebe
nun empfangen
und ihre Zärtlichkeit
in meinem Innern spüren.
Nichts muss ich tun
und nichts muss ich erlangen:
Ich werde still
und lasse mich berühren.

Gefäß werden

Alles in mir will sich öffnen,
möchte Deine Schale sein.
Deine Liebe mag sie füllen,
endlos ströme sie hinein.

Deine Liebe mag sie segnen
und sie fluten bis zum Rand;
überquellend lass sie regnen,
tränk mein ganzes Seelenland.

Und damit Gefäß ich werde,
schaffe ich nun Raum in mir,
unermüdlich, unaufhörlich –
Deine Schale wartet hier.

Die Liebe ruft

Die Liebe ruft und lädt uns ein,
uns ihrem Fluss zu übergeben.
Ihr Licht füllt unser ganzes Sein,
in allen Farben strahlt ihr Leben.

In allen Tönen klingt ihr Lied;
sie will sich freudig durch uns singen.
Und jeder Klang, der uns geschieht,
will uns der Quelle näher bringen.

Und jeder Schritt, der uns bewegt,
fügt sich zu ihrem Hochzeitstanz.
Wir feiern sie, die uns belebt,
und flechten ihren Blütenkranz.

Wir ehren sie, die Atem gibt,
und folgen dankbar ihrem Strom.
Es ist so leicht: Die Liebe liebt
und ist sich selbst der höchste Lohn.

Unbegreiflich

Das Leben kann man nicht erfassen,
doch öffne seinem Fluss dich weit,
um alles in dich einzulassen –
sei jeden Augenblick bereit.

Die Liebe kann man nicht verstehen
doch gib dich ihrem Rufen hin.
Und wenn sie kommt, lass sie geschehen. –
du findest dich und Gott darin.

Den Himmel kann man nicht begreifen,
doch deine Seele kennt Sein Licht.
Sie lässt dich Ihm entgegenreifen –
Er wartet sehnsuchtsvoll auf dich.

Gib auf

Gib auf
den letzten Widerstand
und lass dich einfach fallen.

Gib auf
und übergib dich ganz
dem Schöpfergeist
von allem.

Gib auf
und lass das Leben ein
mit seiner
Widersprüchlichkeit.

Gib auf
und sieh: Es ist nur Schein –
wie eines Traumes
Wirklichkeit.

Dein Wille geschehe

Ja, Dein Wille soll geschehen,
keine Macht kann größer sein.
Ich will nicht mehr um Gnade flehen,
denn sie ist schon lange mein.

Ich will nicht mehr um Liebe ringen,
denn auch sie ist immer hier.
Dir möchte ich mein Wünschen bringen,
so nimm mein Wollen ganz von mir.

Nimm auch mein Sehnen und mein Hoffen,
dass die Zukunft Besseres zeigt.
Jetzt steht mir das Leben offen,
ist das Schicksal mir geneigt.

Du bist da

Manchmal, Gott,
kann ich
das Licht nicht sehen.

Und manchmal
kann ich auch
die Liebe nicht spüren.

Doch immer weiß ich:
Du bist da.

Denn Du
lebst in allem,
was ist.

Alles ist gut

Und wie Du uns liebst
und wie Du vergibst.
Und alles darf sein
und Friede kehrt ein.

Und wie Du uns leitest,
in Liebe begleitest,
die Gnade uns schenkst
und jeden bedenkst.

Und wie Du verwandelst,
uns heilend behandelst.
Und alles ist gut,
was tief in uns ruht.

Und alles wird weit,
denn längst ist es Zeit,
dass wir uns ergeben
dem Ewigen Leben.

Leben

Zulassen,
dass das Leben
mich berührt,
mir unter die Haut geht,
mich mitnimmt
auf seiner Achterbahn,
die unendlich ist –

und sicher.

Und hätten wir die Liebe nicht

Die reine Liebe strömt aus Dir
zu jenen, die Dich schließlich finden.
Denn Deine Liebe ist stets hier
und wartet, dass wir uns verbinden.

Und diese Liebe füllt die Welt;
bedingungslos verschenkt sie sich.
Es ist die Liebe, die uns hält
und heller strahlt als jedes Licht.

Es ist die Liebe, die uns trägt
und alles Schwere überwindet.
Sie ist es, die uns ganz erhebt
und den Verzweifelten sich kündet.

Und hätten wir die Liebe nicht,
so wären wir zutiefst verloren.
Denn sie liebt unerschütterlich,
wird immer neu durch uns geboren.

Sie hält mich zärtlich

Liebe ist mit Leid verbunden,
so glaubte ich vor langer Zeit.
Nun habe ich herausgefunden:
Sie macht mein Herz unendlich weit.

Sie macht mein Herz unendlich weich
und lässt mich meine Zartheit schmecken.
Ein jeder Tag wird durch sie reich,
ich darf das Leben neu entdecken.

Ich darf das Leben jetzt ergreifen,
denn in der Liebe wächst der Mut.
Sie lässt behutsam meine Seele reifen,
sie hält mich zärtlich, still und gut.

Du liebst mich über alle Maßen

Ich fühle mich so sehr geliebt
wie nie zuvor in meinem Leben.
Denn Deine Liebe gibt und gibt;
sie lässt mich singen, tanzen, schweben.

Sie lässt mich fühlen, hören, sehen,
wie alles strahlt in ihrem Licht.
Sie lässt mich atmen, wachsen, gehen;
sie fängt mich auf und wertet nicht.

Du liebst mich über alle Maßen,
ein Strom, der unaufhörlich fließt
und selbst in fernsten Sternenstraßen
in ewiger Fülle sich ergießt.

Selbstliebe I

Ich liebe mich
und alles, was ich bin;
in meiner Schönheit
stirbt mein altes Ich.

Ich liebe mich
und gebe mich der Liebe hin,
in meiner Seele
strahlt Dein Himmelslicht.

Ich liebe mich
und öffne mich dem Segen,
der zart und warm
in meinem Herzen blüht.

Ich liebe mich
mit jedem Schritt in dieses Leben,
das mich unweigerlich
in Deine Arme zieht.

Selbstliebe II

Mein Herz öffnen
für mich
selbst
lieben
auch das Erstarrte
Widerständige
scheinbar Unnachgiebige
erweichen
lassen
vom beständigen Strom
der Liebe

Selbstliebe III

Sich selbst zu lieben fällt oft schwer,
denn sind wir nicht mit uns in Frieden,
wird einsam unser Herz und leer,
kann Gottes Liebe nicht erwidern.

Doch wenn wir unser Licht erspüren
und staunend unseren Wert erkennen,
dann kann die Liebe uns berühren,
ganz zärtlich uns beim Namen nennen.

Und wenn wir alles in uns sehen,
auch mit dem Dunklen uns vertragen,
dann kann die Gnade uns geschehen,
dann können wir die Liebe wagen.

So wird uns diese Kraft durchströmen
und jede Leere füllt sie aus.
Wir dürfen uns mit Gott versöhnen
und wachsen über uns hinaus.

Verbunden

Und mit dem Ganzen
bin ich selbst
so tief verwoben,
dass jede Regung
auch mein eigenes Herz erreicht.

Doch durch die Kraft der Liebe
sanft emporgehoben
spürt es,
wie alle Angst
aus seinem Inneren weicht.

3

Stille ist die Sprache Gottes

Stille ist die Sprache Gottes

Stille ist die Sprache Gottes
und des Betens reinste Art.
Hier kannst du Ihm tief begegnen,
ruhst in Seiner Gegenwart.

Lass dich sanft von Ihm berühren,
wenn Er zärtlich zu dir spricht.
Lerne Ihn in dir zu spüren,
in deinem Herzen strahlt Sein Licht.

In deiner Seele betet Er,
schweigend kannst du Ihn erfahren.
So hörst du Ihn mehr und mehr,
Er will sich dir offenbaren.

Der Klang Deines Herzens

Ich atme
in die Stille
und lausche
dem Klang
Deines Herzens.

In Dir bin ich geborgen

In der Stille der Nacht
ist auf zärtlichen Schwingen
meine Seele erwacht,
um ein Lied Dir zu singen.

In der Stille der Nacht,
ihrem samtigen Dunkel,
hat sie mich heimgebracht
in das Sternengefunkel.

In der Stille der Nacht,
in dem ewigen Schweigen
spüre ich Deine Macht
im Unendlichen steigen.

In die Stille der Nacht,
strahlt schon zaghaft der Morgen.
Unser Werk ist vollbracht.
In Dir bin ich geborgen.

Engel der Stille

Engel der Stille,
lehre mich schweigen
– innen und außen –
frei vom Lärm
der Gedanken
und Worte.

Engel der Stille,
in Deiner Nähe
werde ich ruhiger,
höre ich das Vibrieren
und Pulsieren
des leeren Raumes.

Engel der Stille,
wenn Du bei mir bist,
wird es stiller
und stiller in mir
und um mich herum.

In die Stille lauschen

Heute
scheint das Leben
stumm.
Selbst meine innere Stimme
schweigt
und auch von außen,
aus der Welt,
dringt kein Ton
zu mir herein.

Die Stille ist schön
und so
höre ich ihr zu –
neugierig,
was sie mir
zu sagen hat.

Ewige Stille

Die Stille betet beständig in mir,
sie füllt mein Herz mit ihrem Klang.
In Deinen Armen lausche ich ihr
und öffne mich ihrem Heilungsgesang.

Die Stille war schon immer da,
doch lebte ich oft fern von ihr
und wusste nicht, sie ist so nah,
ich finde sie ganz tief in mir.

Die Stille wird uns stets geschenkt,
sie liebt und richtet nicht.
Fortwährend atmet sie und lenkt
all unsere Schritte in Dein Licht.

Begegnung

Gott,
heute treffe ich Dich
in der Stille.

Ich begegne Dir
in der Tiefe
meines Seins.

Verborgen

In der zartesten Kammer
meines Herzens,
in diesem allerstillsten
Raum,
hinter den Tränenschleiern
und ausgewrungenen
Wünschen
wartest Du
unendlich geduldig
und leise
auf mich.

Schweigendes Gebet

In meinen Tiefen trete
ich in die Stille ein.
In ihrem Innern bete
zum Höchsten ich allein.

Und mein Gebet ist Schweigen,
ich lausche Seinem Lied
und mache mir zu eigen,
was meine Seele sieht.

Mit Liebesaugen schaut sie
bis auf den tiefsten Grund;
nur Gottes Kraft vertraut sie
und wird durch Ihn gesund.

4

Meine Seele kommt nach Hause

Meine Seele kommt nach Hause

Meine Seele kommt nach Hause,
wenn sie Deine Lieder singt.
Meine Ängste machen Pause,
weil Dein Klang mir Frieden bringt.

Lautlos weichen alle Sorgen,
denn die Kraft wächst im Gesang.
Schon erblüht ein neuer Morgen;
diese Nacht war wirklich lang.

Selbst durch tiefste Dunkelheiten
schwingen Deine Himmelsnoten,
welche zärtlich mich begleiten
als der Liebe Heilungsboten.

Heiliger Kreislauf

Aus der tiefsten
nie versiegendem
Quelle
nährt uns
Dein Heiliger Geist.

Zur höchsten
unendlich kostbaren
Stelle
sind unsere Seelen
gereist,

um das Wasser der
Quelle zu trinken
und als Regen
zur Erde
zu sinken.

Getragen

An allen dunklen Tagen,
in jeder Seelennacht
sind wir von dem getragen,
der uns hervorgebracht.

In unseren schwersten Stunden
heilt uns der Liebe Kraft.
Sie wandelt alle Wunden
in ewiger Meisterschaft.

Aus tiefsten Nöten hebt sich
ein liebendes Gesicht;
in Finsternissen webt sich
ein Strahlenkranz aus Licht.

Geborgen und heil

Das Leben
durchdringt mich ganz,
doch bin ich ihm
nicht ausgeliefert.

Manchmal
fühle ich mich
wehrlos, schutzlos
hilflos und
verloren.

Dann
suche ich Halt
im Außen,
verzweifelt und
voller Angst.

>>>

<<<

Und Du kommst mir
von irgendwo dorther
sanft entgegen
und führst mich

liebevoll und still
zurück
in mein Innerstes.
Hier bin ich geborgen
und heil.

Gehalten

Angst erlöst sich
in Vertrauen,
auch wenn das Dunkel
uns umgibt.
Dein Licht lässt Du
uns dennoch schauen
und wissen:
Wir sind stets geliebt.

Zweifel wandelt sich
in Stärke;
wenn auch die Erde
in uns bebt,
erkennen wir in ihr
die Werke,
in denen Deine
Liebe lebt.

>>>

<<<

Not ergibt sich
in die Gnade,
mit der Du
unsere Schritte lenkst
und uns betraust
mit jeder Gabe,
durch die Du
gütig uns beschenkst.

Schmerz begleitet
Einsamkeit,
doch wächst darin
ein stilles Band,
das alle Seelen
in Dir eint
und das Du hältst
mit starker Hand.

Vollkommen neu

Vollkommen neu
entdecke ich
Deine Welt, Gott,
die vollkommen neu ist –

so wie ich.

An jedem Tag

An jedem Tag sich tiefer zu erneuern,
zu jeder Stunde, jedem Augenblick,
den Liebesbund fortwährend zu beteuern,
kehrt nun zum Ursprung alles sich zurück.

An jedem Tag sich weiter auszudehnen –
die Seele reicht in alle Dimensionen –
sich dem Verlorenen nicht länger nachzusehen,
das neu Gewonnene dankbar und freudig
zu bewohnen.

An jedem Tag sich höher zu entfalten
bis zu den Schätzen in den Himmelssphären,
sich aller Zweifel, allen Zögerns zu enthalten,
unendlich wachsen und sich selbst vermehren.

An jedem Tag sich ehrlich zu begegnen,
in stiller Demut wissen um den Einen,
in dem sich unsere Mühen schließlich segnen
und alle Wege liebend sich vereinen.

Heilung

Der Reichtum
dieser wunderschönen,
immer wieder neu
erschaffenen Welt
lässt auch in mir
Vielfalt und Fülle
unendlich wachsen
und blühen.

Ihre Schönheit
spiegelt sich
in meiner Seele,
die im Überfluss
der Farben und Formen
leuchtet und strahlt.

Das ist Heilung.

Meine Seele wird gesund

Gott,
Deine Sprache ist die Stille,
sie ist Lebenselixier.
Deine Gegenwart ist Fülle,
die uns segnet jetzt und hier.

Deine Botschaft birgt die Liebe,
die mit allem uns versöhnt,
und den lang ersehnten Frieden,
der in unser Dasein strömt.

Deine Stimme spricht stets schweigend
tief in unseren Herzensgrund.
Vor dem Höchsten sich verneigend
wird die Seele ganz gesund.

Heilende Gegenwart

Gott,
in Deiner
heilenden Gegenwart
vollzieht sich mein Leben
mit jedem Atemzug,
in jedem Augenblick.

In Deiner heilenden Gegenwart
bete ich die Liebe
und segne alles,
was ist.

In Deiner
heilenden Gegenwart
bin ich heil.

Licht und Schatten

Ich nehme auch dich,
du Schatten,
in meine Arme.
Du bist ein Teil
von mir,
wie das Licht.
Du bist die Kehrseite,
der Untergrund,
der Gegenspieler.

Komm her,
ich habe keine Angst
mehr vor dir.

Zeige dich ganz,
damit ich dich
ganz umarmen kann.

Mein Seelengarten

Ich pflanze Rosenbüsche
in meinen Seelengarten,
auch Nelken
und den wilden Wein.
Sie blühen reich
in allen Farben
und laden
zum Verweilen ein.

Sie wurzeln tief
in guter Erde,
kein Sturm kann sie
dem Grund entreißen.
Sie wachsen hoch
ohne Beschwerde,
denn Himmelsglück
ist ihnen verheißen.

>>>

<<<

Und jeder,
der den Garten sieht,
spürt dessen Gnade
und den Segen,
der leise
in sein Herz einzieht
und mit ihm ist
auf allen Wegen.

Befreiung

Ich verlasse den Käfig,
den ich mir selbst baute,
durch die Tür,
die schon immer
offen war.

Mein Leben ist ein schönes Kleid

Mein Leben sitzt wie angegossen,
ich fülle es vollkommen aus.
In seine Form bin ich geflossen
und wachse über sie hinaus.

Mein Leben passt wie ein Paar Schuhe,
in denen ich seit langem gehe.
Und welche Schritte ich auch tue,
ich spüre, dass ich sicher stehe.

Mein Leben ist ein schönes Kleid,
das farbenfroh mich wärmt und schmückt,
das mich umhüllt zu jeder Zeit
und immer wieder neu entzückt.

Heimkehr

So manches habe ich verloren –
der Abschied war nicht immer leicht.
Doch Neues wurde mir geboren,
und Wunder haben mich erreicht.

So vieles habe ich empfangen
und will es alles weitergeben,
um in die Freiheit zu gelangen
und einzutauchen in das Leben.

Ich habe nicht die Welt bereist
doch meiner Seele weites Land.
Hier hat die Liebe mich gespeist
und heimgeführt mit sicherer Hand.

Zwei in eins

In der Leere
die Fülle entdecken
und in der Krankheit
die Heilung.

Im Alleinsein
die Verbundenheit erkennen
und im Zweifel
das Vertrauen.

In der Angst
den Mut finden
und in der Gleichgültigkeit
die Liebe.

Schatzsuche

In meinem tiefen
Seelensee
ruhen Schätze,
die Du mir einst gabst.

Um sie zu heben,
tauche ich hinab
in das Dunkle,
Unergründliche,
Geheimnisvolle.

Um sie zu leben,
steige ich wieder
empor
ins Licht.

Wiegenlied

In meinen Träumen
heilst Du meine Seele
und wenn ich schlafe,
wiegst Du sanft
mein Herz
zur Ruh.

Wie wunderschön ist dieses Land

Wieder angekommen
im Leben,
in der Welt.

Noch nicht bereit
abzudanken,
noch nicht gerufen.

Mit den Füßen
den Boden betreten,
spüren,
wie wunderschön
dieses Land ist.

Heller Tag

In aller Stille neu geboren
ruht jetzt mein Herz in Deiner Liebe.
Zu wachsen bin ich auserkoren
und mich durchströmt Dein tiefer Friede.

Zu leben bin ich ausgesandt,
um Deine Zeichen zu verbreiten.
Die alten Straßen sind verbrannt,
auf neuen Wegen will ich schreiten.

Vergangenheit zerschmolz im Feuer,
die Zukunft ist noch ungewusst.
Ein heller Tag, unendlich teuer,
hebt strahlend sich aus dem Verlust.

5

Ich sehne mich nach Deinen Händen

Ich sehne mich nach Deinen Händen

Ich sehne mich nach Deinen Händen,
die zärtlich meine Augen schließen,
um alle Tränen zu entwenden,
die noch aus meinem Innern fließen.

Ich sehne mich nach Deinen Küssen,
die meine Seele sanft berühren,
die auch um ihre Nöte wissen
und jede Angst aus mir entführen.

Ich sehne mich nach Deinen Armen,
die mich durch alle Stürme tragen
und die in liebendem Erbarmen
mich halten auch an dunklen Tagen.

Ich sehe mich so sehr nach Dir,
nach Deinem liebevollen Licht
und weiß doch, Du bist stets bei mir
und kümmerst sorgsam Dich um mich.

Sein, was ich schon bin

Ich möchte sein,
was ich schon bin
und meine Grenzen
überwinden.
So gebe ich Dir alles hin,
um diesen Ort
in mir zu finden,

wo jeder Klang
zur Stille wird
und Deine
tiefste Liebe wohnt,
wo jeder Knoten
sich entwirrt
und eigener Wille
sich entthront.

Seelennacht

Gott, sag mir, wie ich beten soll;
ich habe keine Worte mehr.
Doch ist das Herz mir übervoll
und meine Zweifel lasten schwer.

Ich weiß nicht, ob ich glauben kann
und wie Du Dich mir offenbarst.
Doch Dein Geheimnis zieht mich an;
zeig mir, wo Du es aufbewahrst.

So viele Fragen sind in mir,
die Antworten höre ich nicht.
Fortwährend spreche ich mit Dir
und suche Dich in jedem Licht.

Wie kann ich Dir jetzt nahe sein?
Ach, lass mich Deine Stimme hören;
denn ohne Dich bin ich allein.
So gerne will ich Dir gehören.

>>>

<<<

In dieser dunklen Seelennacht
fällt es mir schwer, Dir zu vertrauen.
Doch kündet sich ihr Ende sacht,
lässt zarten Morgenglanz mich schauen.

Unendliche Sehnsucht

Gott,
manchmal ist
meine Sehnsucht
nach Dir
so unendlich
wie Deine Liebe –

und genauso
bedingungslos.

Aufbruch der Seele

Hier bin ich, Gott, zu Deinen Füßen;
hier bin ich, spürst Du meine Not?
Lass Deine Gnade zu mir fließen
und geh mit mir durch diesen Tod.

Hier bin ich, Gott, mit leeren Händen,
was ich besaß, ist alles fort.
Wird diese Sehnsucht jemals enden?
Wie finde ich in mir den Ort,

an dem die Liebe ewig blüht?
So schwer scheint dieses Ziel errungen,
so fern, dass man es kaum je sieht.
In Liedern wird davon gesungen,

in Versen wird davon gesprochen.
Die Stille führt uns stets dorthin.
Und ist die Seele aufgebrochen,
entfaltet sich ihr höchster Sinn.

Geliebte Mutte Erde

Erdenmutter, Erdenschwere,
tau vom Himmel mich ganz sacht.
Ach, dass ich doch heimisch wäre,
wenn zur Erde ich gebracht.

Erdenmutter, Erdenschwere,
lös die Himmelsflügel mir.
Hilf, dass ich verwurzelt werde,
tief im Erdreich, tief in Dir.

Du geliebte Mutter Erde,
trägst die Schwere im Gepäck;
lass mich Teil sein Deiner Herde,
aus dem Himmelsschlaf geweckt.

Pilgerreise zu mir

Mein tiefstes Empfinden,
mein Suchen und Sein,
das will ich Dir, Gott,
alles schenken.
Ich lade Dich
in meine Innerstes ein,
ach komm,
um Dich in mich zu senken.

Erfülle mich
mit Deinem liebenden Geist,
erfülle mich
mit Deiner Kraft.
So lange schon
bin ich Dir nachgereist,
so lange
auf Pilgerschaft.

>>>

<<<

Ich weiß, nur in mir
finde ich Dich,
im zartesten Teil
meines Kerns.
Noch trennt
seine dunkle Schale mich
vom strahlenden Licht
Deines Sterns.

Sehnsucht ist ein weites Land

Sehnsucht ist ein weites Land,
in dem die Hoffnung sich verliert
und Gottes Liebe unerkannt
in alle Formen sich gebiert.

Sehnsucht ist die stärkste Kraft,
die unserer Seele Führung schenkt,
die unermüdlich, meisterhaft
uns stets in seine Nähe lenkt.

Sehnsucht klopft an unsere Herzen,
und manchmal wirkt sie durch ein Lied,
das uns erlöst aus alten Schmerzen
und sanft in alle Himmel zieht.

Frei

Ich sehne mich nach Deiner Liebe
und weiß doch, sie ist immer hier.
Ich sehne mich nach Deinem Frieden
und ahne ihn ganz tief in mir.

Ich sehne mich in alle Weiten
und atme süße Liebesdüfte.
Ich dehne mich nach allen Seiten,
schwinge mich auf in hohe Lüfte.

Ich werde frei durch all mein Sehnen,
es hebt mich über mich hinaus.
Ich eile freudig Dir entgegen –
Du breitest Deine Arme aus.

Vaterlos

Dünnhäutig und herzoffen
treibend im Seelenland
irgendwo
zwischen hier und
der Ewigkeit.

Im Unendlichen
fallend –

Deine Hände
halten mich?

6

Gott, Du erfüllst mich so

Erfüllung

Gott, Du erfüllst mich so
mit Deinem Lachen
und dieser Freude,
die mich tief durchdringt,
um jenes Feuer in mir
lodernd zu entfachen,
das Deiner ganzen Schöpfung
Liebeslieder singt.

Gott, Du berührst mich so
mit diesem Strömen,
das Deine Lebenskraft
durch meine Adern lenkt.
So zärtlich willst Du mich
damit verwöhnen;
von Deiner Liebe
bin ich reich beschenkt.

>>>

<<<

Gott, Du verwandelst mich
und all mein Sein,
so dass die alten Schmerzen
sanft vergehen.
In meinem Herzen
stellt sich Friede ein,
in Deinem Licht
kann ich den Himmel sehen.

Es ist wahr

Ja,
es ist wahr,
Gott.

Du bist.

Und Du liebst
bedingungslos.

Ich spüre Leben wachsen

Ach, welche Freude, Gott,
Dich auf der Erde zu begrüßen,
in jeder Blüte, jedem
Blatt und Stein.
Ich spüre Leben wachsen
unter meinen Füßen,
und atme dankbar
Deinen Segen ein.

Ich sehe Lichter glitzern
in den Wassertröpfchen
und jeder Sonnenstrahl
webt schillernd Glanz.
Aus dieser Quelle
möcht' ich ewig schöpfen,
durch ihre Kraft
werde ich ganz.

Schöpfende Kraft

Du hast mich schon immer gekannt
und wiedererweckt zu Dir.
In Liebe bin ich entbrannt,
Dein Feuer lodert in mir.

Die Funken sprühen und knistern;
in flammender Leidenschaft
wächst zwischen uns Seelengeschwistern
unendliche, schöpfende Kraft.

Es formen sich Berge und Höhen
mit funkelnden Flüssen im Tal;
in stillen und klaren Seen
versunken der Heilige Gral.

In ewigen Meeren finden
sich Perlen auf tiefstem Grund;
von himmlischer Freude sie künden
mit Worten aus göttlichem Mund.

Dein Wort in mir

Du lebst
und liebst und segnest mich
ohne Unterlass.

Dein Wort
betet in mir
und strahlt
reine Liebe aus
wie eine Sonne,
deren Licht
alles durchbricht.

Wie eine Blüte,
die ihre Frucht
in immerwährender Reife
tief in sich birgt.

Letzte Wirklichkeit

Gott,
Du bist mein größer Traum
und meine einzige Realität.
Du lebst in mir, im weiten Raum;
Du bist es, der mein Herz versteht.

Dein Licht scheint selbst im tiefsten Grund,
Dein Fluss fließt auch den Berg hinauf.
Nur Liebe spricht aus Deinem Mund,
ich sehe Dich und wache auf.

Ich spüre Dich und bin bereit,
nie wieder werd ich schlafen wollen.
Du bist die letzte Wirklichkeit,
der meine Träume folgen sollen.

Der Liebe warmer Kern

Inmitten meiner Traurigkeit
spür ich der Liebe warmen Kern.
Inmitten dieser Abschiedszeit
ist doch Dein Herz mir niemals fern.

Und weil ich nichts bewahren kann,
so will ich alles freudig schenken.
Denn jeden Tag fang ich neu an,
mich tiefer in Dich zu versenken.

An jedem Abend schlaf ich ein,
von Deinen Armen sanft gewiegt.
In mir erstrahlt Dein heller Schein,
dem jede Dunkelheit erliegt.

Morgenglanz der Ewigkeit

Ich lebe neu in alten Räumen
und fliehe nicht den Augenblick,
trete hervor aus meinen Träumen
und wachse noch ein kleines Stück.

Ich atme still in diese Weite
und spüre sanfte Gegenwart;
ein warmer Hauch an meiner Seite
berührt mein Herz unendlich zart.

Ich gebe nach dem leisen Drängen,
das mich in diese Liebe zieht
und lausche meinen Seelenklängen,
erforsche dieses Neugebiet.

Ich achte das, was mich hier hält
im Morgenglanz der Ewigkeit,
der mich umgibt als goldenes Feld
und tief erfüllt mit Dankbarkeit.

Tiefe Wandlung

Gott,
in meinem Leben bin ich glücklich,
weil es so voller Liebe ist.
Du bist so kostbar mir und wichtig,
denn Du gibst alles, was Du bist.

Kaum ahne ich die Liebesfluten,
die stets aus Deinem Herzen quellen,
mich reich versorgen mit dem Guten
und heilen an den wunden Stellen.

Doch spüre ich die tiefe Wandlung,
die sich vollzieht durch Deinen Segen
und sich ergibt der heiligen Handlung,
um meine Seele zu erheben.

Du bist wirklich hier

Ja, mein Gott,
Du bist wirklich hier.
Du atmest und betest
und lebst in mir.

Du zeigst mir die Welt
in all ihrer Pracht,
Du lehrst mich die Liebe
mit all ihrer Macht.

Du führst mich zurück
in das irdische Sein.
Der Himmel kann warten,
er bleibt nicht allein.

Mein Wesen ist Liebe

Mein Wesen ist das,
was zu Dir strebt.
Mein Wesen ist das,
was den Körper überlebt.

Mein Wesen ist Freude
und singt immerzu,
es flirtet und lacht
mit dem Ewigen Du.

Mein Wesen ist Liebe,
ist reine Essenz
und bleibt immer wesentlich
in Deiner Präsenz.

Deine Liebe schläft nicht

Und doch
ist diese Nacht
mir ein Geschenk.
Schlaflos zwar,
doch voller Wunder.

Niemals alleine,
denn Deine Liebe
schläft nicht.

Alles
ruht in ihr.

Im Innern reich

Und erscheinst du
auch sehr schlicht,
bist du doch
im Innern reich.

Wenn das Licht
sich in dir bricht,
strahlst du
allen Farben gleich.

Geliebter, ewiger Gott

O Du meine Herzenssonne,
meiner Seele heiliges Brot.
Du erfüllst mein Sein mit Wonne,
Du geliebter, ewiger Gott.

O Du meines Lebens Fülle,
meine stärkste, reinste Kraft;
gnadenvolle, tiefe Stille,
die sich stetig neu erschafft.

O Du wunderbares Licht
strahlst in Deiner Herrlichkeit,
formst in mir Dich zum Gedicht,
segnest mich mit Dankbarkeit.

Abendrot

Entflammter Himmel –
Spiegel
meines inneren Feuers,
das unentwegt
in mir brennt,
zu Dir emporlodert
und in der
aufziehenden Nacht
nur scheinbar
verglüht.

Auserkoren

Gott, Du bist mir
Weg und Wahrheit, Licht und Leben,
alles Suchen endet hier.
Zum Ursprung will ich mich erheben,
der sich offenbart in Dir.

Zu meiner Quelle will ich gehen,
lasse mich dankbar von ihr speisen.
Denn Du hast mich ausersehen,
Deinen Namen stets zu preisen.

Du hast längst mich auserkoren,
Liebeslieder Dir zu singen.
Unser Bund ist eingeschworen,
will der Welt sich freudig bringen.

In dieser heiligen Zeit

In dieser heiligen Zeit, Gott,
in allen Schmerzen und Leid
bin ich zutiefst nun bereit,
für immer nur Dir zu gehören.

Zu dieser goldenen Mitte
lenke ich all meine Schritte
mit jeder zitternden Bitte,
Dir meine Liebe zu schwören.

Auf dieser herrlichen Reise
Dich finden so wundersamerweise
Lob singend Dir zärtlich und leise
mit allen himmlischen Chören.

Kraft, die uns zusammenhält

Und ich atme
diesen Frieden ein
und atme
Glück und Liebe aus.
Ich lass die Sonne
in mein Herz hinein
und sende Freude
in die Welt hinaus.

Ich lass das Licht
in meiner Seele scheinen
und leuchten
bis in alle Welt.
Möge Dein Geist
uns stets vereinen,
Du Kraft,
die uns zusammenhält.

DU BIST

Wenn der Wind
zu wehen vergisst
und die Schöpfung
den Atem anhält,
dann erinnern wir uns,
dass DU BIST
und erkennen Dich
neu in der Welt.

Dein Garten

Hinabtauchen
in die Tiefen
meines Herzens,
bis auf den Grund.

Zarte Liebespflänzchen finden,
die hier
wachsen, blühen
und gedeihen.

Gott,
Dein Garten
in meinem Herzen.

Freudig feiern wir das Leben

Freudig feiern wir das Leben,
denn es ist ein großes Fest.
Alles wird uns hier gegeben,
viel mehr als sich fassen lässt.

Fülle, Pracht und Überfluss
säumen unsere Daseinsbahnen.
Gottes liebevoller Kuss
lässt die Gnade uns erahnen.

Er schenkt uns ein ganzes Leben
voll von seinen Liebesgaben.
Empfangend lernen wir zu geben
und alles in die Welt zu tragen.

Rosen unter Augenlidern

Rosen unter Augenlidern
blühen dort in Dunkelheit;
satte, prall gefüllte Blüten
duften in die Ewigkeit.

Rosen unter Augenlidern
lindern meine Traurigkeit,
denn die echten Pfingstfest-Rosen
sah ich nicht seit langer Zeit.

Rosen unter Augenlidern,
Bilder der Vergangenheit,
mahnen mich in ihrer Schönheit
auch an die Vergänglichkeit.

Rosen unter Augenlidern
schenken Freude jederzeit;
wenn ich zum Leben sie erwecke,
sind zur Feier sie bereit.

Das volle Leben

Tiefer in die Liebe, Gott,
tiefer in das Sein;
der Lebensfluss trägt mich hinfort,
ich atme Freude ein.

Die pure Wonne fließt durch mich,
ich tanze mit dem Glück.
Alles in mir wandelt sich;
das Alte lasse ich zurück.

Empfangend stehe ich vor Dir
und Neues findet seinen Platz.
Das volle Leben strömt zu mir,
entfaltet sich zum höchsten Schatz.

Lebe jeden Augenblick

Umarme mich,
ich bin das Leben
und möchte dich
auf Händen tragen.
Umarme mich
und lass dir geben,
was du auch brauchst
an allen Tagen.

Nimm dir die Zeit
mich zu genießen
und lebe jeden
Augenblick.
Spüre die Kraft
und lass sie fließen,
denn alles kehrt
zu dir zurück.

Frühlingserwachen

So will ich ihn mit aller Kraft genießen,
den Frühling, der sich auf die Erde legt.
Er lässt es grünen, blühen,
unaufhörlich sprießen –
ich lasse zu, dass er mich tief bewegt.

Ich lasse zu, dass er mein Herz berührt
und meiner Seele Liebeslieder singt.
Und in der Sonne, die sich warm
auf meinen Wangen spürt,
wird offenbar, dass Gottes Macht
in allem schwingt.

Und in dem Licht,
das auf den Blüten sanft zerrinnt,
erkenne ich, wie grenzenlos der Schöpfergeist
in seiner Schönheit jede Form durchdringt
und unermüdlich auf die letzte Wirklichkeit
verweist.

7

Fluss des Lebens, trage mich

Fluss des Lebens

Fluss des Lebens,
trage mich;
mit Deiner Strömung
will ich fließen.
Alle Schleusen
öffnen sich,
wollen sich ins Meer
ergießen.

Fluss des Lebens,
führe mich,
Dir will ich
mich anvertrauen.
Neue Wege
finden sich;
neue Ufer
werd ich schauen.

>>>

<<<

Fluss des Lebens
heile mich;
in Deiner Kraft
kann ich genesen.
Alte Knoten
lösen sich,
frei entfaltet sich
mein Wesen.

Engel der Zuversicht

Blaues Licht
der Zuversicht.
Du leuchtest auf
in meinem Herzen
und befreist es
von Ängsten,
von Zweifeln
und von allem,
was mich noch
daran hindert,
mein Leben aus
Deiner strahlenden Kraft
heraus
zu gestalten.

Nichts und niemand geht verloren

Nichts und niemand geht verloren,
keine Seele wird vergessen.
Alles stirbt und wird geboren,
niemals können wir ermessen,

wie uns Gottes Weisheit lenkt,
wohin seine Liebe führt,
wie das Leben uns beschenkt
und die Gnade uns berührt.

Platzsuche

Gott, diese Furcht,
mich auf das Leben einzulassen,
sitzt tief in mir
und hält mich noch zurück.
Ich möchte endlich
meine Ängste gehen lassen,
um frei zu werden
für das höchste Glück.

Der Schmerz in mir,
der mich am Leben hindert,
das bist nicht Du;
hier wirkt ein altes Lied,
das meine Kraft
und jene Stärke mindert,
die mich uneingeschränkt
ins Leben zieht.

>>>

<<<

Doch wird mein Wunsch
dem Leben zu vertrauen,
noch weiter wachsen
und mich stets mit Dir verbinden.
Ich werde lernen, voller Liebe
auf die Welt zu schauen
und meinen eigenen Platz
darin zu finden.

Ins Himmelreich

Gott, in Deine Liebe lege
ich meine höchste Not.
In Deinen Frieden gebe
ich mich als Dein Gebot.

In allen Deinen Stärken
atme ich Zuversicht.
In Deinen heiligen Werken
erfahre ich Dein Licht.

In Deiner tiefen Stille
erhebst Du mich ins Sein.
Es führt mich stets Dein Wille
ins Himmelreich hinein.

Gefallen und erhoben

In die Gnade gefallen,
wie Echos verhallen
die Zweifel und Ängste
aus uralter Zeit.

Ins Vertrauen gefunden,
aus dunkelsten Stunden
erhebt sich Dein Friede,
umgibt mich als Kleid.

In die Liebe gestorben,
zur Schale geworden,
von Dir erfüllt und
vom Kämpfen befreit.

In den Himmel erhoben,
mit Sternen verwoben,
getragen auf Schwingen
von Glückseligkeit.

Hoffnung

Manchmal bleibt uns nur das Hoffen,
wenn wir den Ausweg nicht mehr sehn.
Doch stehn uns alle Straßen offen,
wenn Schritt für Schritt wir weitergehn.

Die Hoffnung nimmt uns an die Hand
und rettet uns aus Angst und Leid.
Sie hält uns wie ein zartes Band,
bis zum Vertrauen wir bereit.

Sie hilft uns, wenn die Zweifel toben,
entfaltet in uns neues Licht.
Im Tal weist sie den Weg nach oben
und füllt das Herz mit Zuversicht.

Scheinbar

Auch wenn es scheint,
als könnte ich nichts tun,
kann ich doch lieben
und in der Liebe ruhn.

Auch wenn es scheint,
als könnte ich nichts sagen,
kann ich doch beten,
denn solche Worte tragen.

Auch wenn es scheint,
als wäre ich am Ende,
will ich vertrauen
und glauben an die Wende.

Und wenn es scheint,
als gäbe es kein Licht,
dann schau ich hoch
in Gottes Angesicht.

Sicher

Ohne Sicherheiten,
Gott,
und doch,
vollkommen sicher
bei Dir.

So steigt ein Stern

Mir Deiner Hilfe stets gewiss
vertraue ich den neuen Tagen.
Noch heilt in mir der tiefe Riss,
doch will ich jetzt das Leben wagen.

Denn in mir wächst die Zuversicht,
dass alles sich zum Guten wendet.
Auch unterirdisch strahlt Dein Licht,
das selbst *mein* Dunkelsein beendet.

So steigt ein Stern in Deine Nacht
und findet Platz am Firmament.
Von Deiner Liebe treu bewacht
leuchtet er hell und ungehemmt.

Vorwärts in die Freiheit

Weite Horizonte
sehe ich vor mir
Alle Möglichkeiten
sind schon immer hier

Ungeahnte Weiten
öffnen sich dem Blick
Vorwärts in die Freiheit
Es gibt kein Zurück

Wenn Deine Wahrheit Liebe ist

Wenn Du, Gott,
meinen Weg bestimmst,
wie kann ich widerstehen?
Wenn Du mich
bis zum Ziel mitnimmst,
wohin soll ich sonst gehen?

Wenn Du
all meine Schritte lenkst,
wie soll ich nicht vertrauen?
Wenn Du mir,
was ich brauche, schenkst,
auf wen sonst soll ich bauen?

Wenn Du
der Allerhöchste bist,
die letzte Wirklichkeit,
wenn Deine Wahrheit Liebe ist,
dann bin ich jetzt bereit.

Ich bin da

Wieder einmal
aufbrechen
zu neuen Ufern

Den Weg
nicht kennen
und auch nicht
das Ziel

Mich führen lassen

Den Wind
im Rücken spüren
und die Sonne
im Gesicht

Ich bin da
Gott
Ich bin da

Alle Ängste können weichen

Und alles Laute wird zur Stille,
wenn wir in unsere Tiefen sinken.
Ein jeder Mangel wird zur Fülle,
an der wir satt und reich uns trinken.

Zur Freude wandelt sich die Trauer,
wenn wir die Gnade in uns spüren.
Das Lebensziel formt sich genauer,
lassen wir stets von Gott uns führen.

Und alle Ängste können weichen,
wenn Sein Vertrauen in uns schwingt.
Unmögliches lässt sich erreichen,
wenn Seine Liebe uns durchdringt.

Sanfte Landung

Ins Vertrauen
gefallen

Langer Absturz

Dann Gleitflug

Sanfte Landung
im Licht

8

Die Zeit ist reif für neue Schritte

Die Zeit ist reif

Die Zeit ist reif
für neue Schritte,
die Liebe
zieht mich in die Welt.
Dort finde ich
in ihrer Mitte
die Macht,
die mich am Leben
hält.

Die Zeit ist reif
für neue Wege;
das Leben zeigt mir,
was es kann.
In seinem Schutz
ich mich bewege,
in seiner Kraft
geh ich voran.

>>>

<<<

Die Zeit ist reif
für neue Stufen –
so viele stieg ich
schon empor.
Das Unbekannte
hör ich rufen
als süßen Klang
in meinem Ohr.

Stufen zum Höchsten

Im Gehen kann ich erkunden,
wie mein Weg vor mir entsteht.
Lang ist er und vielfach gewunden,
bis das Bild in der Ferne vergeht.

Schön ist er, voll strahlendem Licht,
das sich aus dem Himmel ergießt.
Auch Tiefen fehlen ihm nicht,
in denen das Leuchten zerfließt.

Doch lösen sich Dunkelheiten
am Horizont wieder auf.
Und weiter werde ich schreiten,
die Stufen zum Höchsten hinauf.

Erinnerung

Gott,
manchmal
bin ich einfach nur
müde und enttäuscht.
Dann wünsche ich mir
einen leichteren Weg,
einen gesünderen Körper
und ein offeneres Herz.

Und dann
weiß ich es wieder:
Mein Weg
könnte gar nicht anders sein,
meinen Körper
hast Du erschaffen
und mein Herz
öffnet sich gerade
voller Hingabe
zu dem, was ist.

Deine Liebe führt mich

Gott, was geschieht mit mir
und meinem Leben?
frage ich Dich mit bangem Mund.
Ich kann mich immer wieder
nur in Deine Hände geben
und meine Füße
setze ich auf Deinen Grund.

Denn Deine Liebe führt mich stets
durch alles Leiden
und Deine Erde trägt mich
mit der stärksten Kraft.
So will ich mich
an ihren wunderbaren Schätzen weiden
und weitergehen
auf meiner langen Wanderschaft.

>>>

<<<

Doch Du geleitest mich
auf dieser Reise
und irgendwann
finde ich ganz zu mir,
ein bisschen weicher noch,
vielleicht auch weiser
erkenne ich das letzte Ziel
in Dir.

Schritt für Schritt

Jede Reise
geht zu Ende
und das Ziel
wird doch erreicht.
Von Deiner Güte
ausgesendet
erreichen wir
Dein Königreich.

Von Deiner Liebe
sanft geleitet
geht unsere Seele
Schritt für Schritt.
Und sind wir auch
schon oft gescheitert,
nimmst Du
in Deinem Schutz
uns mit.

Manchmal

Manchmal brauche ich Beweise,
dass mich Deine Liebe hält –
und dann öffnet sich ganz leise
eine Tür in Deine Welt.

Manchmal brauche ich Vertrauen,
dass Du mich nach Hause führst –
und dann lässt Du mich erschauen,
wie Du meinen Weg berührst.

Manchmal brauche ich den Frieden,
den nur Deine Nähe bringt –
und dann spüre ich Dich wieder:
Heiliger Geist, der mich durchdringt.

Manchmal bin ich wunschlos glücklich,
denn es ist schon alles da –
und dann weiß ich augenblicklich:
Alle Wunder werden wahr.

Nicht müde werden

Nicht müde werden
Dein Lied zu singen

Nicht einschlafen
in dieser lauten Welt

Aufwachen
in der Stille
die Du bist

Sei bereit

In dir sprudelt stets ein Quell,
klar und frisch und voller Leben.
In dir strahlt ein Licht so hell,
hellere kann es keine geben.

In dir weben Liebesfäden
zarte Muster voller Glanz.
In dir will sich jetzt erheben
deine Kraft zum Heilungstanz.

In dir wachsen Möglichkeiten,
die in deinen Tiefen gründen.
Sei bereit für neue Weiten;
alles kannst du darin finden.

Sei bereit für neue Höhen,
Grenzen sind nur Illusionen.
Von oben kannst du alles sehen
und den ganzen Raum bewohnen.

Zu Dir führen alle Straßen

Du nimmst alles, was wir geben,
schenkst es tausendfach zurück.
Deine Liebe lässt uns leben,
in Dir wohnt das höchste Glück.

Zu Dir führen alle Straßen,
niemand, der Dich je verfehlt.
Alle Wesen gleichermaßen
sind von Deinem Geist beseelt.

Alle Herzen, tief verbunden,
atmen in Dir Heilungslicht.
Jede Seele darf gesunden,
findet Deine Kraft in sich.

Du lässt mich niemals untergehn

Bald wird die Sonne wieder scheinen
und auch das Dunkel wird vergehn.
Mag doch der Himmel jetzt noch weinen,
ich werde all das überstehn.

Ich werde dieses Tal durchschreiten,
auch wenn die Stürme um mich wehn,
denn immer wirst Du mich begleiten,
Du lässt mich niemals untergehn.

Ich weiß, Du wirst mich nie verlassen,
und dieses Wissen schenkt mir Kraft,
mich auf die Reise einzulassen,
bis auch der letzte Schritt geschafft.

Ich bin die Kraft, mit der du liebst

Du schenktest meiner Seele Licht,
gabst ihr ein Leben in der Zeit.
Du formtest ihr ein Angesicht
und aus Materie ein Kleid.

Du sagtest: Ich bin immer da,
so du auf Erden Hilfe brauchst.
Im Herzen bleibe ich dir nah,
wenn meiner Führung du vertraust.

In deinem Innern wirke ich
und segne jeden Liebesdienst.
In aller Stille spürst du mich;
ich bin die Kraft, mit der du liebst.

Ich bin der Geist, der dich belebt
und stets als Freude in dir schwingt.
Ich bin die Gnade, die dich trägt
und dich dereinst nach Hause bringt.

Ohne Worte will ich beten

Ohne Worte will ich beten,
denn die Worte sind zu klein.
Um in die Liebe einzutreten,
lass mich schweigend mit Dir sein.

Ohne Töne will ich singen,
denn die Töne sind zu laut.
Lass die Stille mich durchdringen,
hier bist Du mir so vertraut.

Ohne Augen will ich sehen,
denn Dein Bild lebt nur in mir.
Ohne Kompass will ich gehen,
alle Ziele sind schon hier.

Ohne Ohren will ich hören,
weil mich Deine Stimme leitet.
Nichts kann unseren Bund zerstören,
den die Gnade treu begleitet.

>>>

<<<

Ohne Ängste will ich leben,
voll Vertrauen Schritte wagen,
Deiner Liebe mich ergeben
und sie stets im Herzen tragen.

Neue Dimensionen

Zurückgeworfen?
Nur scheinbar

In Wahrheit
Angeschoben
Emporgehoben

In neue
Dimensionen
Getragen

Die Reise kann beginnen

Sanftes Erden:
Durch die Lüfte
fliege ich
zu neuem Land.

Sanftes Erden:
Aus den Höhen
sinke ich
in Deine Hand.

Sanftes Erden,
denn der Himmel
schenkt dem Leben
mich zurück.

Und die Reise
kann beginnen;
meine Seele
singt vor Glück.

Nicht schweigen

Nicht versuchen
etwas zu sein,
was ich nicht bin.

Nicht versuchen
irgendwohin zu gehen,
wo nicht mein Platz ist.

Und nicht schweigen,
wenn Deine Worte
aus mir sprechen.

9

Wenn ich sterbe, Gott

Wenn ich sterbe

Wenn ich sterbe, Gott,
bleibst Du doch da,
so wie Du immer
in mir warst –
und immer sein wirst,
voll und nah,
weil jedes Leben
Du bewahrst.

Wenn ich sterbe, Gott,
lebst Du und liebst,
so wie es war
von Anfang an –
und immer sein wird,
denn Du gibst,
was ich mir selbst
nicht geben kann.

>>>

<<<

Du schenkst
das Eine Ewige Sein,
mit jedem neuen Augenblick
lädst Du uns immer wieder ein
ins reine, namenlose
Glück.

Ewig

Alles in unseren Händen,
jedes Beginnen und Enden
wandelt sich doch immerzu.

Ewig in uns
bleibst nur Du.

Meiner Seele Heimatland

Auf meinem Weg der Liebe
werde ich ergriffen,
mit jedem Schritt
zieht mich die Kraft zu Dir.
Die rauen Kanten werden
weich und rund geschliffen
und Deine Nähe stillt
die Einsamkeit in mir.

Auf meinem Weg der Liebe
werde ich gebrochen,
der eigene Wille stirbt
mit jedem Atemzug.
So vieles habe ich Dir
zugesprochen
und doch scheint
alles das Dir nicht genug.

>>>

<<<

So vieles habe ich
schon aufgegeben,
kein Stein blieb
auf dem anderen stehn.
Ich weiß nicht mehr,
wie soll ich weiterleben;
wie kann ich alles das
noch überstehn.

Der Boden
wurde mir entzogen;
doch bleibt mir
Deine starke Hand.
Du bist für immer
mir zutiefst gewogen
als meiner Seele
Heimatland.

Hingabe

Gott, lass mich sterben,
lass mich vergehen,
das Zeitliche segnen
und wieder erstehen
in ganz neuem Licht
und ganz neuem Glanz.

Den Körper abstreifen,
die Identität.
Die Seele will reifen,
sie weiß, dass sie geht
zum ewigen Licht
und ewigen Glanz.

Sich ganz hinzugeben
und ganz aufzugehen,
das ist die Erlösung
von allem Verstehen.
Das ist die Befreiung
von allem, was hält.

Zurückverbunden

Mein altes Leben liegt in Scherben,
nichts ist mehr, wie es vorher war.
Wie viele Tode muss ich sterben
und welche Opfer bringe ich dar,

um in der Liebe anzukommen,
den Weg nach Hause jetzt zu finden?
Mir wurde alles fortgenommen,
doch kann ich mich zurückverbinden

zu dem, was ich schon ewig bin.
In seine Form will ich nun fließen
und finde meine Kraft darin:
So kann der Kreis sich wieder schließen.

Wiedergeburt

Hinabsteigen
in das Reich
des Todes,
um das Leben
in mir
wiederzufinden.

Jeder Abschied will befreien

Wieder einmal sanft mich häuten,
lassen, was mir nicht entspricht.
Herz erfrischen, Seele läutern,
jeder Schritt führt mich ins Licht.

Jeder Abschied will befreien,
immer klarer wird die Richtung.
Neues Leben kann gedeihen,
aus dem Dunkel wächst die Lichtung.

Nebel steigt, enthüllt die Stufen,
warten hier im goldenen Glanz.
Ich komme Gott, ich hör Dein Rufen;
schon jetzt gehöre ich Dir ganz.

Alles opfern

Alles opfern
auf dem Altar
der Befreiung –

alles.

Deine Liebe ist immer noch da

(Für Papa)

Und ich werde dich weiter
im Herzen tragen,
deine Liebe ist immer noch da.
Und ich höre dich
zärtliche Worte sagen;
auch in der Ferne
bleibst du mir nah.

Und ich segne den Weg,
den du nun gehst,
frei von der Bürde,
die dir genommen.
Und ich spüre die Gnade,
in der du jetzt lebst:
Alles verloren und
alles gewonnen.

Gott ist bei mir

Wer wird bei mir sein
in der Todesstunde,
bevor die Engel
mich nach Hause führen?
Wer hört das letzte Wort
aus meinem Munde,
lässt liebevollen Trost
mich spüren?

Wer hält die Hand mir,
wenn die Atemzüge
allmählich schwächer werden,
schließlich ganz ersterben?
Wer bleibt auch dann hier,
falls die Schmerzen
immer schlimmer
und vielleicht am Ende
unerträglich werden?

>>>

<<<

Wer spricht Gebete,
die mein Herz
mit Zuversicht und Freude füllen?
Wer ist bereit,
die tiefe Sehnsucht
nach Geborgenheit zu stillen?

Ich weiß nicht,
ob in dieser Abschiedszeit
ein Mensch
an meiner Seite stehen kann.
Doch eines
gilt mit letzter Sicherheit:
Gott ist bei mir;
Er geht den ganzen Weg voran.

10

Gott, Du bist es

Hilfreicher Halt

(Mutter Meera)

Gott.
Du bist es
in ihrer Gestalt.

Du schenkst uns
ihr Wesen
als hilfreichen Halt,
als Anker
in stürmischen Zeiten.

Sie will uns
dem Höchsten
bereiten.

Ergriffen

(Mutter Meera)

Zu Dir
Hingezogen
Kraftvoll
Ergriffen

Reinigung
Im Feuer
Der Liebe

O Mutter

Pulsierende Liebe

(Mutter Meera)

Beständig betest du
Deinen Namen
in mir

Pulsierende Liebe

Eins
mit dem Göttlichen
Geist

Himmelskönigin

(Mutter Meera)

Meera, Himmelskönigin,
Lotusblüte, reine Pracht:
Du kennst uns seit Anbeginn,
hilfst uns durch der Liebe Macht.

Meera, Gottesdienerin,
Heilige Mutter voller Gnaden:
Du gibst mild dem Licht uns hin,
lenkst uns auf verschlungenen Pfaden.

Meera, Seelenleserin,
löst die Knoten still und zart.
Meera, Weltenretterin,
Glanz der Ewigen Gegenwart.

Nichts trennt uns

Aus den Tiefen
unserer Seele
wachsen wir
in Deine Gnade.

In der Weite
unseres Herzens
finden wir
Deine unendliche,
bedingungslose
Liebe.

Nichts
trennt uns
von Dir.

Die Kraft des Lichts

Die Kraft des Lichts
nährt meine Seele,
gibt meinem Dasein
Halt und Mut.
Die Kraft des Lichts
ist was ich wähle;
in ihrem Schutz
geht es mir gut.

Die Kraft des Lichts
heilt meine Wunden
und bringt die Liebe
in mein Herz.
Ich fühle mich
mit mir verbunden
und werde frei
von altem Schmerz.

>>>

<<<

Die Kraft des Lichts
hat keine Grenzen,
füllt jede Leere
in mir aus,
lässt alle Wesen
sich ergänzen,
schickt Strahlen
in die Welt hinaus.

Die Kraft des Lichts
ist stets bei mir
und lässt mich
meine Form erfüllen.
Die Kraft des Lichts
ist jetzt und hier:
Nur sie kann
meine Sehnsucht
stillen.

Du

Du singst in mir
Dein ewiges Lied,
das wunderschön ist
und dem ich
unentwegt
zuhören möchte.

Du betest in mir
Deine heiligen Worte,
die mich trösten
und stärken.

Du webst in mir
Deine zarte Stille,
die mich sanft
und liebevoll
umhüllt.

In Dir

In Dir
schließen sich
alle offenen Kreise.

In Dir
erfahre ich
das Leben
auf neue Weise.

In Dir
atmet
meine Seele
reines Licht.

Der Himmel ist so nah

In der Ruhe liegt die Kraft,
in der Stille wächst das Sein.
Meine Seele ist erwacht,
dehnt sich in den Raum hinein.

Meine Heilung – längst geschehen –
schenkt mir alles, was ich bin.
Und die Freiheit lässt mich sehen:
Im Verlust liegt der Gewinn.

Tiefer Friede lässt mich spüren
Liebe ist schon immer da.
Und ich öffne alle Türen,
denn der Himmel ist so nah.